DECLARATION DV ROY,

PORTANT CONDAMNATION

aux Galeres de tous Mendians valides,
Vagabonds, & gens sans adueu, &c.
Et donnant pouuoir à tous Iuges de
moderer la peine de mort à celle des
Galeres pendant deux ans.

Verifiée en Parlement, le 16. Decembre 1639.

A PARIS,

Chez SEBASTIEN CRAMOISY, Imprimeur
ordinaire du Roy, ruë Sainct Iaques,
aux Cicognes.

(2)

M. DC. XXXIX.

AVEC PRIVILEGE DE SA MAIESTE'.

DECLARATION DV ROY,

portant condamnation aux Galeres de tous Mendians valides, Vagabonds, & gens sans adueu, &c. Et donnant pouuoir à tous Iuges de moderer la peine de mort à celle des Galeres pendant deux ans.

LOVIS par la grace de Dieu Roy de France & de Nauarre, A tous ceux qui ces presentes Lettres verront, Salut. Comme vne des principales forces des nos Galeres consiste en leur Chiorme, & que depuis quelques années que nous en auons augmenté le nombre, il ne s'est pas trouué assez d'hommes pour les pouuoir faire toutes nauiger, Nous sommes obligez de recourir aux mesmes moyens dont les Roys nos predecesseurs se sont seruis en pareils cas, ayans nons

ſeulement fait faire recherche exacte dans
tout le Royaume, des Vagabonds & gens
ſans adueu, pour les faire punir de la peine des Galeres ſuiuant les Ordonnances;
mais encore donné pouuoir aux Iuges de
moderer celle de mort à la condamnation
aux Galeres, contre les Criminels qui les
pourroient meriter, à l'exception de ceux
qui ſe trouueroient coupables de crimes
enormes. Et voulans pouruoir à ce qui eſt
en cela du bien de noſtre ſeruice & du pu-
blic de noſtre Eſtat, auec les ſoins con-
uenables. SÇAVOIR FAISONS, que
Nous pour ces cauſes & autres à ce nous
mouuans, De l'aduis de noſtre Conſeil, où
nous auons fait mettre cette affaire en de-
liberation, & de noſtre certaine ſcience,
plaine puiſſance & auctorité Royale,
Avons dit, declaré & ordonné, diſons,
declarons & ordonnons, voulons & nous
plaiſt, qu'il ſoit fait tant par nos Cours de
Parlement, que par nos Baillifs, Seneſchaux, Iuges Preſidiaux, Preuoſts de nos
Couſins les Mareſchaux de France, Vice-
Baillifs, Vice-Seneſchaux, & autres Iuges, vne exacte recherche en tous les lieux
de leur Reſſort, des Mendians valides, Vagabonds & gens ſans adueu, des Fauxſau-

niers, leurs fauteurs & adherans, & des
deſerteurs de nos Troupes, pour ſur le
champ condamner aux Galeres leſdits
Mendians valides, Vagabonds, & gens
ſans adueu, & tous les Soldats de Caualerie & Infanterie qui auront quitté depuis
le quinziéme May dernier, ou quitteront
cy-apres nos Troupes| ſans Congé ſigné
du Maiſtre de Camp, & ſcellé du Sceau
du Regiment de Caualerie ou Infanterie où ils auront pris party; ou du Capi-
taine de la Compagnie, quant à ceux qui
auront eſté des Compagnies de Gendar-
mes, Cheuaux-legers, & Carabins, qui ne
ſont ſous Corps de Regiment, comme
auſſi les Fauxſauniers, leurs fauteurs & adherans qui ſeront retombez ou retombe-
ront pour la troiſiéme fois dans le crime.
ORDONNONS que les condamnations
qui ſeront faites conformément à la pre-
ſente par les Baillifs, Seneſchaux, Iuges
Preſidiaux, Preuoſts, Vice-Baillifs, Vice-
Seneſchaux, & autres Iuges Royaux, auſ-
quels la cognoiſſance des cas Preuoſtables
appartient, & par les Officiers des Greniers à ſel quant aux Fauxſauniers, leurs
fauteurs & adherans, ſeront executez
nonobſtant oppoſitions ou appellations

quelconques, tout ainſi que ſi elles eſtoiét émanées de nos Cours ſouueraines, leur en attribuant à cette fin toute cognoiſ-ſance & iuriſdiction en dernier reſſort. Et dautant que le Commiſſaire gene-ral par nous eſtably en la conduite des Forçats ne tient pas des Commis comme il y eſt obligé prés des Parlements, pour ſeruir à cette conduite, & qu'à faute de tirer à temps des Conciergeries & Priſons les condamnez aux Galeres, pluſieurs y meurent de maladie ou de langueur, ou meſme ſont relâchez par les Geoliers, qui ſous pretexte de ces longueurs y commettent diuers abus: Nous auons ordonné & ordonnons, qu'il ſera eſtably par nos Procureurs generaux de chacune Cour de Parlement, vn Conducteur des Forçats de tout le reſſort d'icelle, auec le nombre d'Archers qu'ils iugeront neceſ-ſaire, pour aller de mois en mois és Pri-ſons de toutes les Iuſtices ſubalternes, en-leuer les condamnez qui s'y trouueront ſous les ordres deſdits Procureurs gene-raux, & ſelon les aduis qu'ils receuront du nombre qui s'en trouuera auſdites Pri-ſons, dont les Subſtituts auront ſoin de les aduertir, à peine de ſuſpenſion de leurs

charges : pour en ſuite eſtre leſdits condamnez menez par leſdits Conducteurs
ou leurs Archers en la Conciergerie du
Parlement, auquel leſdites Iuriſdictions
reſſortiront, & de là à Marſeille, où leſdits Conducteurs ſeront payez pour la
conduite de chacun condamné, ſçauoir
de trente liures pour ceux des Parlements
de Paris, Rennes, Roüen, Thoulouſe,
Bourdeaux, Dijon, Pau & Mets; de dix-
huit liures pour ceux de Grenoble, & de
douze liures pour ceux de Aix, dont le
payement leur ſera fait incontinent qu'ils
auront remis au pouuoir du General de
nos Galeres, ou de celuy qui les commandera en ſon abſence, les condamnez
qu'ils meneront, & ce par les Capitaines
ſur les Galeres, deſquels ils ſeront diſtri-
buez, & à leur refus par le Treſorier general de la Marine en exercice, ſuiuant
l'Ordonnance qu'il luy ſera deliurée à cét
effet par celuy qui commandera les Galeres. ENIOIGNONS audit Treſorier
de faire ledit payement comptant, ſur
peine de reſpondre du deperiſſement des
condamnez en ſon propre & priué nom,
& de le rabatre auſdits Capitaines ſur
l'entretenement tant ordinaire qu'extra-

ordinaire de leurs Galeres. Voulons que tout ce qu'il aura payé à cette occasion soit passé & alloüé en la despense de ses comptes par nos amez & feaux les gens de nos Comptes, ausquels nous mandons ainsi le faire sans difficulté : moyennant quoy le Conducteur des Forçats en chaque Parlement sera tenu de fournir aux frais de la Chaisne, & de leur conduite en toute seureté, & de les nourrir du iour qu'ils luy seront consignez par les Geoliers, iusques au iour qu'il les aura rendus dans Marseille ou Thoulon sur les Galeres. Et lors qu'il tirera lesdits condamnez des Prisons, il s'en chargera par vn Roolle contenant leurs noms, surnoms, le lieu de leur naissance, leur aage, poil, & taille, & le temps de leur condamnation. Voulons qu'estant audit Marseille ou à Thoulon, où il s'acheminera, selon ce qu'il sçaura en Prouence, du lieu où sera le General des Galeres, ou celuy qui les commandera en son absence, il remette incontinent en son pouuoir lesdits condamnez, ensemble copie de leurs Arrests, ou Sentences de condamnation en poupe de la Galere sur laquelle il sera, qu'il luy presente ledit Roolle par lequel

il sera chargé desdits condamnez, & ce
en presence des Commissaires & Con-
trolleurs generaux de la Marine de Le-
uant, pour estre lesdits condamnez dis-
tribuez sur nos Galeres, suiuant le de-
partement qui en sera par nous fait, ou
par celuy qui commandera les Galeres
en consequence de nos ordres, & qu'il
retire en suite vn acte signé de luy comme
il luy aura liuré lesdits condânez, où leurs
noms & qualitez seront mentionnez, &
en outre vne certification particuliere si-
gnée desdits Commissaire & Controol-
leur, dont il remettra copie tant au Greffe
du Parlemét dont il sera party, qu'en ceux
des Iurisdictions dont il aura tiré les condamnez, apresqu'il aura representé le tout
au Procureur general d'iceluy, lequel luy
en dônera acte pour sa descharge. Et pour
la verification de ladite deliurance Nous
chargeons lesdits Procureurs generaux
de retirer de leurs Substituts des Extraits
de celle qui aura esté faite audit Conducteur des condamnez en chaque Iustice
subalterne. Et au cas que quelqu'vn desdits condamnez vint à mourir par les chemins, ou apres auoir esté deliuré audit
Conducteur, il en rapportera tant à celuy

B

qui commandera nos Galeres qu’audit
Procureur general, certificat signé de nôtre Procureur au principal siege du lieu
où il sera decedé : Et si c’est en lieu où il
n’y ait point d’Officier, il le rapportera signé du Curé, des Marguilliers, & de deux
des principaux habitans, ensemble des
officiers du lieu plus proche, contenant
le nom & les qualitez du decedé. Et quant
à ceux qui tomberoient malades en telle
sorte qu’ils ne pourroient faire le voyage,
il sera tenu de les mettre en la prisõ Royale du lieu où il les laissera, en chargeant le
Geolier, à condition de les reprendre lors
qu’il repassera au mesme lieu : Et ledit
Geolier demeurera cependant responsa-
ble de leur garde, ou s’ils decedoient il en
representera certificat en la forme que
dessus. D’ailleurs s’il arriuoit qu’aucun
des condamnez fut récous de force par
les chemins, il sera tenu d’en dresser procez verbal, & d’en faire incontinent in-
former contre ceux qui auroient commis
vn tel attentat, & d’en rapporter preuue
suffisante, tant pour leur estre le procez
fait & parfait, que pour sa décharge. Vov-
LONS que lesdits Conducteurs & leurs
Archers portent Arquebuses, Pistolets,

& autres armes à feu en conduifant lefdits condamnez, & retournant de leur voyage, & non autrement, fans que pour ce il leur puiffe eftre imputé d'auoir contreuenu à nos Ordonnances prohibitiues du port d'armes à feu. N'ENTENDONS par ces prefentes reuoquer la Commiffion donnée à Iacques Cheuau fieur du Buiffon le 14. Decembre 1635. pour la charge de Commiffaire & Conducteur general des Forçats pendant fix années confecutiues, fi ce n'eft en ce qu'elle porte exclufion à tous autres que luy, ou fes Commis, de s'ingerer en la côduite defdits Forçats: Ce que ne voulons auoir lieu, ains que tous lefdits Conducteurs exercent leur conduite conformément à ces prefentes, en vertu des Commiffions qu'ils auront de nos Procureurs generaux fans difficulté. ORDONNONS que ledit Cheuau continuera les fôctiôs de fadite Commiffion dans le reffort de noftre Cour de Parlement de Paris : Et en cas qu'il n'en faffe fon deuoir, voulons qu'il y foit pourueu conformément aux prefentes par noftre Procureur general en icelle. PERMETTONS par ces prefentes pour les mefmes caufes & confiderations que deffus à nofdites Cours de Parlement, & aufdits Iuges aufquels la connoiffance des cas Preuoftables appartient, de moderer pendant le temps de deux ans, à compter du iour & datte de ces prefentes, la peine de mort à celle des Galeres, contre les Criminels qui ne feront conuaincus de crimes énormes & non remiffibles. Si DONNONS en mandement à nos amez & feaux les gens tenans nos Cours de Parlement, Baillifs, Senefchaux, Preuofts, Iuges, & leurs Lieutenans, que ces prefentes ils faffent lire & enregiftrer chacun en l'eftenduë de leur reffort & Iurifdiction, & le contenu en icelles garder & obferuer, fans y contreuenir, ny permettre qu'il y foit contreuenu en aucune maniere. ENIOIGNONS à nos Procureurs generaux & leurs Subftituts de faire toutes pourfuites & diligences pour l'execution de ces prefentes: Car tel eft noftre plaifir. EN TESMOIN dequoy nous auons fait mettre noftre Seel à cefdites prefentes. DONNE' à Abbeuille le quatriefme iour de Iuillet, l'an de grace mil fix cens trente-neuf. Et de nôtre Regne le trentiefme.

Signé,   LOVIS.

Et fur le reply,   Par le Roy, SVBLET.

Et ſeellé du grand Seel en cire iaune ſur
double queuë.

Et ſur ledit Reply eſt encores eſcrit,

*Regiſtrées ouy le Procureur general du Roy,
pour eſtre executées aux charges portées par
l'Arreſt de ce iour. A Paris en Parlement le
ſeizieſme Decembre mil ſix cens trente-neuf.*

Signé,   Dv TILLET.

EXTRAICT DES REGISTRES
de Parlement.

VEv par la Cour les grand' Chambre,
Tournelle, & de l'Edict aſſemblées,
les Lettres Patentes données à Abbeuille le quatrieſme Iuillet dernier, ſignées,
LOVIS, & ſur le reply, par le Roy, Sv-
BLET, & ſeellées ſur double queuë du
grand Seau de cire iaune, par leſquelles &
pour les cauſes y contenuës ledit Seigneur
dit, declare, & ordonne, veut & luy plaiſt,
que tant par ſes Cours de Parlemens que
par les Baillifs, Seneſchaux, Iuges Preſidiaux, Preuoſts des Mareſchaux, Vice-

baillifs & Vicefenefchaux, vne exacte re-
cher des Mendians valides, Vagabonds,
& gens fans adueu, des Fauxfauniers &
deferteurs de fes Troupes, pour fur le
champ condamner aux Galeres les Mendians valides, Vagabons, & gens fans adueu, & tous Soldats de Caualerie & Infanterie qui auront quitté depuis le quin-
ziefme May dernier, ou quitteront cy-
apres fans congé deuëmét figné & feellé,
comme auffi les Fauxfauniers qui feront
retombez pour la troifiefme fois dans le
crime, voulant que les condamnations
qui feront faites par les Baillifs, Senefchaux, & autres Iuges, foient executées
nonobftant oppofitions & appellations
quelcõques, comme fi elles eftoient émanées de fes Cours Souueraines, Ordonne que par fes Procureurs generaux de
chacune Cour de Parlement il fera efta-
bly vn Conducteur des Forçats auec le
nombre d'Archers, pour dans le reffort
de chacun Parlement aller prendre les
condamnez aux Galeres, iceux mener és
Prifons de la Conciergerie du Palais pour
eftre conduits à Marfeille. Et en outre
permet à fes Cours de Parlemens, & aux
Iuges aufquels la cõnoiffance des cas Pre-

uoſtables appartient, de moderer pendant le temps de deux ans, à compter du iour & datte deſdites Lettres, la peine de mort à celle des Galeres contre les Criminels qui ne ſeront conuaincus de crimes énormes & non remiſſibles, ſuiuant & ainſi qu'il eſt plus amplement contenu eſdites Lettres. Concluſions du Procureur general du Roy : Tout conſideré, LADITE COVR a ordonné & ordonne, que leſdites Lettres ſeront regiſtrées au Greffe d'icelle, & executées à la charge de l'appel des Baillifs & Preuoſts hors les cas Preuoſtaux ſuiuant l'Ordonnance. Que les perquiſitiõs ſeront faites par les Baillifs, Preuoſts, & autres Iuges ſubalternes, ainſi qu'il eſt accouſtumé, qui certifieront la Cour de mois en mois. Que les Officiers des Greniers à ſel n'exerceront la Iuſtice que comme ils faiſoient auparauant, & ce faiſant que les Arreſts donnez contre les Mendians valides & Vagabonds ſeront de nouueau publiez. Enioint à tous Officiers y tenir la main. Ordonne que Copies deſdites Lettres ſeront enuoyées aux Bailliages & Seneſchauſſées pour y eſtre leuës, publiées, & regiſtrées à la diligence des Subſtituts dudit Procureur general, qui certifieront la Cour auoir ce fait au mois. FAIT en Parlement le feiziéme Decembre mil fix cents trente-neuf.

Signé,   DV TILLET.